奈良崎高功 写真集

いのちの森 屋久島

海鳥社

はじめに

「時間に追われることなく写真が撮りたい」

長期の休みがとれる度にカメラを持って福岡から屋久島へ行き、帰りのフェリーの上で悶々としながら、小さくなってゆく島を眺めていた。

写真専門学校の卒業制作で、世界遺産に登録されたばかりの屋久島を撮影するよう勧められたのが始まりだった。初めて見る巨大な樹や原始の森に感動し圧倒され、何をどう撮ればよいのかわからず迷走していた。

30代半ばに不景気で仕事を辞めることになった。馬鹿なことをするには遅いと思いながらも、長年の想いを叶えるチャンスであり、体力と経験が均衡しているこの年齢だからこそできると考え、1年間という期限付きで屋久島へ行くことにした。

出発のひと月前に中古の軽ワンボックス車を買い、1畳ほどの空間に寝床や棚などを作り、必要最低限の荷物を思いつく限り詰め込んだ。

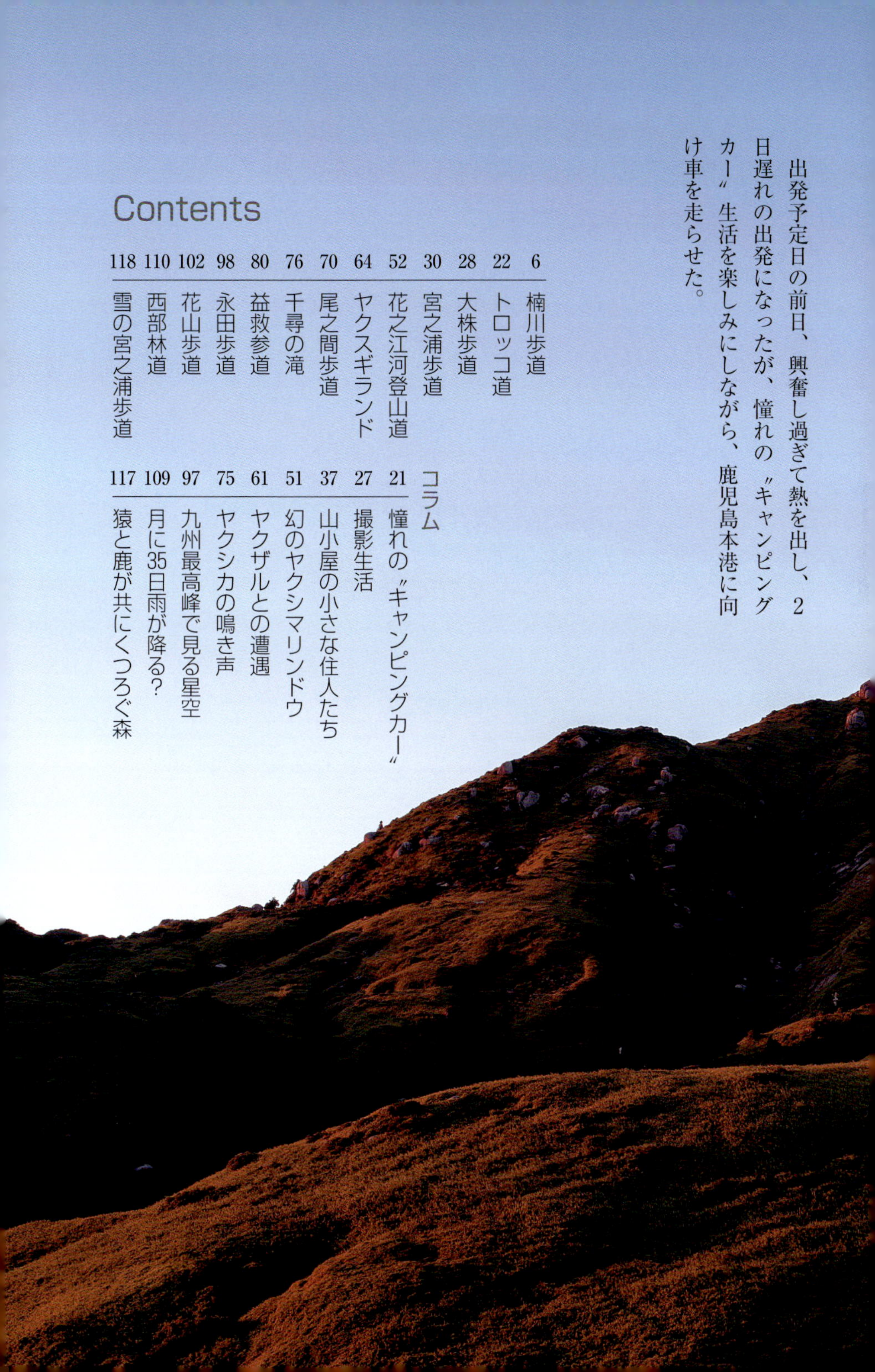

出発予定日の前日、興奮し過ぎて熱を出し、2日遅れの出発になったが、憧れの〝キャンピングカー〟生活を楽しみにしながら、鹿児島本港に向け車を走らせた。

Contents

- 本書の写真は、入山許可を得て、すべて登山道内から撮影しています。
- 登山道以外の所を歩くと苔や木の根を傷つけ、枯れる原因になります。また、遭難する危険もありますので、必ず決められた道を歩いて下さい。

僕は、
これから千年をかけて
屋久杉になる。

※屋久杉は、標高500m以上の山地に自生する杉で、
樹齢1000年以上のものを指す。

楠川歩道《くすかわほどう》

楠川集落から登る道で、辻峠を経てトロッコ道に出る。苔に覆われた森は原始の世界を思わせ、鹿や猿が時々姿を見せてくれる

濃い朝靄が晴れ、不思議な形の木が姿を現してきた

おそらく数本の木が癒着して１本になったもの。途中で
折れなければ、どれほど大きな木になっていたのだろう

下にあった倒木が完全になくなり、３本の足で
踏ん張りながら上の木たちを支えている

▶根から幹や枝まで苔に覆われた木。全身
に緑色の服をまとっているかのよう

太古の時代にタイムスリップしたかのような光景

視線の先に、気になる娘でもいるのかな？

足元の苔や葉を食べながら、１日中森を歩き回っているヤクシカ

寂しがりやの僕には、木々が人の姿に見えてしまう時がある

軟体生物のように、倒木や大地に絡みついているヒメシャラの木

奇怪なシルエットが浮かび上がる

2種類の木が絡み合い、まるでダンスを踊っているかのよう

憧れの〝キャンピングカー〟

屋久島での1年にわたる撮影生活。その間、住居兼移動手段となったのが、軽のワンボックスカーだ。

アパートを借りずに車を住居代わりにした理由は、キャンピングカーへの憧れ、そしてもうひとつは資金の節約という単純なもの（撮影に集中するため仕事はしないと決めていた）。また、車なら、デジタル化した撮影機材の電源確保も容易だ。

入島して2カ月が過ぎた頃だった。アクセルを踏み込んでも速度が出ない。嫌な予感がして島の修理屋さんに見てもらうと、「2、3日預からせて」とのこと。預けたら住む所がなくなる、と自分の状況を話すと、店の人たちは感心するやら呆れるやらという感じで、代車を無料で貸してくれた。

車が故障すれば家がなくなる。そんな当たり前のことも想定していなかった自分を反省し、戻ってきた〝我が家〟を丁寧に磨きながら「もう壊れないでくれよ」と声を掛けた。

その修理屋さんには、この後、2度お世話になった。

トロッコ道

トロッコ列車の正式名称は安房森林軌道。以前は伐採した屋久杉を運んでいた。現在も昔の切り株や物資の運搬に活躍中

荒川登山口から大株歩道入口まで続くトロッコ軌道上を歩く道。運が良ければトロッコ列車の雄姿を見ることができるが、隅によけてもすぐ脇を通るため注意が必要

こちらが気になる様子の子鹿。母親に「早く行きなさい」とお尻を押されている

どっちに進むか迷っていたら、左はすぐ行き止まりでトロッコ列車の離合場所だった

トロッコ軌道の線路は、安房川と苔に覆われた森の間を走っている

湯泊温泉。24時間利用可能で、入浴料はたったの100円

撮影生活

靴紐を結ぶと、「よし！」と気合が入る。カメラを付けた三脚を片手に持ち、20kg近い撮影機材に加え、1週間分の食料や水、寝袋といった必要最低限のものをリュックに詰め、我が家（車）を後にして入山する。

樹齢１０００年以上の巨大な木、動物たちと同じ大地を踏締め空気を吸っていると、自分も森の一部になっていく。シャッターを切り、撮影後に「ありがとう。またよろしく」と声を掛けて緑色の空を見上げると、「いや、僕はやっぱり異物なのだろう」と少し寂しい気持ちがこみ上げてきて、また歩き出す。

約1週間で下山、買い出しのため町に下りる。我が家の最大の弱点は冷蔵庫がないことで、食料はレトルトや缶詰が中心だ。気休め程度に野菜多めの弁当を買って食べる。

その後、疲れと垢を洗い流しに温泉へ。深夜、月の8割近くを山中で過ごす生活で二回りほど大きくなった体を湯船に浸けながら、天の川を横切る流れ星を数え、次の登山計画を練り山へと帰っていく。

大株歩道《おおかぶほどう》

トロッコ道の終点に急斜面の入口がある。縄文杉（旧高塚小屋）までは本格的な登山道となり、両手でロープなどをつかみながら歩くことも増えるが、巨大な木々や点々とある水場が乾いた喉と疲れを癒してくれる

[ウィルソン株] 諸説あるが、大坂城築城の際、豊臣秀吉の命で切られたという。内部に入って見上げた時のハートの形で有名

▶[翁杉（おきなすぎ）] 2010年9月、根元を残し倒木してしまった

宮之浦歩道《みやのうらほどう》

九州最高峰の宮之浦岳山頂を中心に、照葉樹林の森が広がる。森林限界に達すると白骨樹や巨岩が林立し、高塚小屋方面へ向かえば縄文杉に出会うこともできる

複数の木々が着生した木（倒木）は、
「森の大家」と呼ばれているそうだ

より空が広い方に枝を伸ばしている

真っ直ぐに伸びることを拒絶した木

光に向かう枝

高塚小屋

山小屋の小さな住人たち

入山中の寝床は山小屋。屋久島には、管理人がいない無人の山小屋が6カ所ある。顔馴染みの山岳ガイドさんたちに「まだいたの」と言われるのが挨拶になるほど利用していた。近くに水場とトイレがあり、板張りの床が二段ベット風に作られているだけの簡素なもので、寝袋や食料、調理器具がないと泣くことになる。

隣りの人と情報交換などをしながら17時頃に夕飯を食べ、19時頃には就寝するのだが、疲れからか男女を問わずイビキが凄い。人数次第では大音響になり、早い者勝ちで熟睡しなければ眠れたものではない。

そして明かりが消えると、小さな住人たちが現れる。ヤクシマヒメネズミだ。ガリガリと食料の袋をかじり、目を覚ました人の悲鳴があちこちであがり始める。イビキと混ざり合い、まさに大演奏会！

「ネズミたちよ、登山者のカロリーの高い食料ばかり食べていると肥満になり、イタチや蛇から逃げられなくなるぞ」。どこかで読んだ本の言葉を思い出していた。

▶［縄文杉］確認されている中で最大の屋久杉。現在も残る屋久杉の多くは幹の凹凸が激く、そのために木材として伐採されることを免れた

「怪獣だ！」と指をさして騒ぐ子供たちがいた

「メドゥーサの頭のようだ」と言っていた人がいたが、確かにそう見える

屋久島は島全体が花崗岩でできており、表面の土壌は薄い。苔はその表面に広がって水分を貯え、木々の生長を助けている。そのため、「縁の下の力持ち」「森のベット」などと言われる

２種類の木が１本の木に姿を変えていく。
これも生き残るための知恵なのだろうか

先端近くの枝が、光りを求めて
手を伸ばしているように見える

道端で昼食をとっていると、匂いに釣られて岩陰から顔を出したイタチ君

水場があり日が当たりの良いこの場所は、鹿たちの憩いの場になっている

こちらを見据える目が力強い。堂々した姿は雄の威厳を感じさせる

靄（もや）の中、白骨樹に緑が戻ったように見えてしまった

山頂付近にある巨人のような岩が、行き交う人を見守っている

宮之浦岳山頂からの眺め。まるで潮が満ちるかのように、雲がゆっくりと森を覆っていく

幻のヤクシマリンドウ

宮之浦岳は標高１９３６m、九州最高峰だ。山頂は雨や雲に覆われることが多いが、晴れた日は種子島、さらに九州本土の開聞岳まで見えることもある。僕は今まで数十回登ったが、種子島が見えたのはほんの数回、開聞岳に至っては一度もお目にかかれていない。

二十数年前の雨の日、山頂近くの岩壁に、紫色の小さなつぼみの群れを見つけた。リンドウかなと覗いていたら、地元の方が、絶滅危惧種の「ヤクシマリンドウ」だと教えてくれた。屋久島の固有種で、8月半ばの晴れた日にしか咲かないという。

翌年も訪れてみたが曇り空、翌々年は雨……空振りの年が20回を超え、1年間の長期滞在中も雨に降られ、結局咲いた姿を見ることができなかった。

その翌年も、盆休みを利用して鹿児島行きの高速バスに乗り込んだ。移動中にしばらく晴れるという予報を聞き、予定を変更して最短ルートで山頂に向かう。はやる気持ちを抑えながら岩壁を覗きこむと……咲いていた。薄紫色の、小さく、そして力強い花だった。

花之江河登山道《はなのえごうとざんどう》

ヤクスギランド内の登山口から、日本最南端の高層湿原・花之江河に至る道。高層湿原とは、川が流れ込まずに雨水だけで涵養（かんよう）されている湿原のこと

屋久島の本体である花崗岩が飛び出してきたのだろうか

たくさんの手を大きく広げ、少ない空を覆い尽くそうとしているのだろうか

◀［大和杉］樹高34.9mを測る巨木。花之江河
登山道の途中から50mほど下りた所にある

絡み合った２本の木。互いを支え合うように競い合うように、成長してきたのだろう

岩の上に聳え立つ木。島の土地事情
のゆえか、よく目にする光景だ

雨上がり　霧の中から奇怪な枝が現れた

ヤクザルとの遭遇

ヤクザルはニホンザルの亜種で、やや小型で体毛が長いのが特徴だ。島の至る所で出会うことができ、職人技のノミ取りを披露する中年猿（上の写真）、父親の大きな背中で眠る3兄弟（63ページ上）というように、個性的な姿で楽しませてくれる。しかし、油断していると怖い目に遭うことも……。

日帰り登山の帰り道、日が傾き始め、麓の方から猿の集団が目の前を走り抜けていった。それを見届け、歩き始めた時――遅れてきた母子が現れ、驚いた子猿が母の背中から岩の隙間に落ちてしまった。

泣きわめくものの、姿は見えない。慌てた母猿は、僕が襲って隠したと思ったのか、牙を剥き出し威嚇してきた。ゆっくりと後退するが、母猿は徐々に距離を詰めてくる。それが20分ほど続いたところで、子猿が泣きながら這い上がってきた。母猿は素早く子猿を口にくわえ、森の奥へと消えていった。

ホッと胸をなで下ろしたが、手は汗ばみ、足の震えはしばらく止まらなかった。

ヤクスギランド

標高1000m付近に位置する約270haの広大な森に4つのコースが設定され、体力に合わせて歩くことができる。屋久杉を中心に多種類の樹木が生息

[仏陀杉] 釈迦杉とも呼ばれる。無数のこぶを仏様に見立てて名づけられた

怪しげに伸びる２つの枝が、カマキリの手を連想させる

鳥の顔に見える。長いくちばしで突かれそうだ

仲良く並ぶ２本の杉に、「仲間に入れてよ」と寄り添うようなヤマグルマ

日の光を浴びるために岩の側面を登った木

尾之間歩道《おのまほどう》

尾之間温泉から登路が始まり、蛇之口滝との分岐点からは急峻な登りに変わる。小さな沢や川を渡り約6時間で淀川登山口へ。亜熱帯から照葉樹林に変わっていく様子を見ることができる

深い森を縫うように流れる川は、草木や動物たちに潤いを与えている

▶小雨降る日、空を覆う葉は傘代わりになってくれる

雨で濡れた岩肌は、触るとツルツルで滑り台のよう。
猿たちが水浴びがてらに遊ぶ姿を想像してしまう

◀巨大な２本足で大地を踏み締めている

ヤクシカの鳴き声

狭い登山道でよく、手を伸ばせば届く距離でヤクシカとすれ違う。人慣れしているのか、僕がヤクザルに見えるのかは不明だが逃げない。甲高い声を出して逃げ出すやつもいるが、大抵知らん顔で笹を食べている。

ある日、山小屋のデッキで、雄のヤクシカがジッとこちらの様子を窺っていた。気になりながらも山頂に向け歩き出して数秒後、「うわー」と男性の悲鳴が聞こえてきた。慌てて戻ると、リュックの中に顔を入れ食料をあさる鹿と、愕然としている人間の姿があった。

その数日後、山小屋で夕食の準備をしていると、雌鹿が近寄ってきて「キュー」と愛くるしい鳴き声で餌を求めてくる。僕は無視していたが、若い女性陣はパンや魚の揚げ物まであげていた。人間にとっては害がないものでも、野生動物には毒になることもある。遠回しに注意すると素直に聞いてくれたが、「あの声に負けそう」と言っていた。

ちなみにヤクシカはニホンジカの亜種で、体は小さめで角も小ぶり、基本的には草食……のはずである。

▶前足を使い殴り合いの喧嘩の真っ最中

千尋の滝《せんぴろのたき》

剝き出しの花崗岩の岩盤が、1000人の人間が手を結んだくらい大きいということから名づけられたという。滝の南側に駐車場完備の展望台がある

子供たちの遊び相手になっている、優しいお兄さん猿

[万代杉]

益救参道《やくさんどう》

旧宮之浦歩道。龍神杉に向け静かな森を歩いていると、トロッコ軌道の跡や苔むした石畳があり歴史を感じさせる。縄文杉に抜ける道があるが、一般登山者は進入禁止

鼻を高くあげた象のように見えるのは僕だけだろうか

岩に生えた苔から水を吸って成長する木。この岩を完全に
包み込むのにどれぐらいの時間がかかるのだろうか

▶着生した木々の重みで地面に頭が地面に付きそう
になりながら、必死に耐えているように見える

両手を大きく広げ、歓迎してくれているように見えた

父と子

「ねえねえ、何を食べているの？」

鳥が運んだのか、折れた幹の先端に着生した木。早くこの老木を支えられるまでに成長しなければ、運命を共にすることになる

樹齢1000年を超える生命力に、何度見ても圧倒されてしまう

倒木して剥き出しになった根

巨木の皮膚に、数千年の歴史を想う

[龍神杉]

かつてどれほど巨大な木だったか、残された皮からでも想像できる

真新しさを感じさせる肌白の木

料金受取人払郵便

博多北局
承認

7225

差出有効期間
平成31年6月
30日まで
（切手不要）

郵便はがき

812-8790

158

福岡市博多区

奈良屋町13番4号

海鳥社営業部 行

通信欄

＊小社では自費出版を承っております．ご一報下さい．

通信用カード

このカードを，小社への通信または小社刊行書のご注文にご利用下さい。今後，新刊などのご案内をさせていただきます。ご記入いただいた個人情報は，ご注文をいただいた書籍の発送，お支払いの確認などのご連絡及び小社の新刊案内をお送りするために利用し，その目的以外での利用はいたしません。

新刊案内を　【希望する　希望しない】

〒　　　　☎　（　　）

ご住所

フリガナ

ご氏名

（　　　歳）

お買い上げの書店名　　いのちの森 屋久島

関心をお持ちの分野

歴史，民俗，文学，教育，思想，旅行，自然，その他（　　　）

ご意見，ご感想

購入申込欄

小社出版物は，本状にて直接小社宛にご注文下さるか（郵便振替用紙同封の上直送いたします。送料サービス），トーハン，日販，大阪屋栗田，地方・小出版流通センターの取扱書ということで最寄りの書店にご注文下さい。
なお，小社ホームページでもご注文できます。http://www.kaichosha-f.co.jp

書名		冊
書名		冊

[縄文杉]

九州最高峰で見る星空

8月22日18時、九州最高峰の宮之浦岳山頂に到着。見渡す限り雲がなく、珍しく風も吹いていない。日中の猛暑が嘘のような肌寒さを感じながら撮影の準備をして、星が出るまで仮眠をとることにした。

福岡市のど真ん中で生まれ育った僕にとって、初めて訪れた時に白谷小屋で見た屋久島の星空は圧巻だった。港で昼飯を食べながらそのことをふと思い出し、それを九州一高い所から見たら……と思いついて登って来たのだ。

「寒い!」。冷たい風に頬を叩かれ起こされた。真っ暗な地面から寝ぼけた頭を持ち上げると、空を星が埋め尽くし、天の川が流れていた。吹き上がる風が体を包んで空中にいるような感覚になり、我に帰るまでの数十分間、寒さも撮影も忘れ、星空を飛んでいた。

0時を過ぎ、安物の温度計は零度を指していた。ポケットにレリーズを入れて寝袋にもぐり込み、どれかひとつぐらいは文明の光だといいな、などと考えながらシャッターを切った。

永田歩道《ながたほどう》

永田バス停から１時間ほど歩くと登山口で、ここから鹿之沢小屋まで約６時間、急峻な尾根が延々と続く。途中、不思議な形をした巨樹たちが励ましてくれる

撮影中、後ろからトンビの鳴き声がした。彼も同じ景色を眺めていたのだろうか

右手をあげ、左手を振り下ろしたような形の枝。太鼓を叩いているのか、それとも踊っているのだろうか

◀岩に着生した木が倒木し、さらにその上に別の木が生えている

花山歩道《はなやまほどう》

大川の滝近くの広場から荒れた林道に入る。車の底を削られそうになりながら標高500mほどの所にある登山口へ。 ここから鹿之沢小屋まで、ヤクシマシャクナゲ（6月）や多種類の樹木を見ながら約5時間歩く

真っ直ぐな幹の中央から、２本の枝が牙のように伸びている

［ヤクシマシャクナゲ］花を咲かせるために栄養を２、３年ほど貯めるので、裏年といって咲かない年もある

緑色の空から、ツタのような枝が降りてきた

日の出前、蒼く染まる白骨樹

星明かりに照らされる白骨樹

見失ってしまった友達を探す子ザル

月に35日雨が降る？

ドシャ降りの雨の中、リュックを濡れたまま助手席に放り込み、運転席に逃げ込む。天井を叩く雨の音を聞きながら、教えてもらった話を思い出していた。

温められた海水の水蒸気が集まって雲を作り出し、雨を降らす。屋久島は、２０００ｍ近い山が海上にポツンとあるような形なので、風に運ばれた雲が引っ掛かりやすく雨も降りやすいとのこと。「屋久島はひと月に35日雨が降る」などと言う人もいる。

島で１年間暮らしてみたが、確かに雨は多い。しかし、車で巡ってみると、雲の重さ次第では山中と麓、また風向き次第では山を挟んだ両側で真逆の天気になることが多々あった。また、数週間雨が降らず、登山道の途中にある水場も干上がり、猛暑の中、水なしで数時間歩く破目になることもあった。

青空が広がる麓の町に向け車を走らせながら、「ひと月に35日雨が降る」と言い出した人は、移動の先々で雨に降られ続けたのだろうか、などと考えた。

振り返ると、山頂付近はまだ黒い雲に覆われていた。

西部林道《せいぶりんどう》

島の西側、世界遺産登録地の照葉樹の森を通る県道78号の通称。ヤクザルとヤクシカが多数生息していて、一緒にいる姿も見ることができる

吹きさらしの根には外敵から守るため表皮ができ、
見た目では幹や枝との境がよくわからない

▶クワズイモの大きな葉は、ここに住む
猿たちの雨宿り場になりそうだ

［大川（おおこ）の滝］ 静と動、２つの流れがある滝。
台風や大雨の日は１つの水の塊になって落ちてくる

▶まるで紐が絡み合ってできたような木

夕日に浮かぶ口永良部島（くちのえらぶじま）

永田岬の突端にある屋久島灯台。口永良部島と屋久島の
間を通過する航路の重要なポイントになっている

カメラに興味津々なのか、じっと見つめる子猿。その
後ろで警戒心を剥き出しにした親たちが僕を見ていた

ふかふかのベットを見つけた子猿

猿と鹿が共にくつろぐ森

出産シーズンだと聞き、猿と鹿が多く生息している西部林道へ向かった。

大川の滝を過ぎたあたりから、赤ちゃんを抱く母猿や親子鹿を見つけた。しかし、母猿は赤ちゃんを隠すように背中を向け、鹿は甲高い声をあげ逃げてしまう。そこで、数日間風呂に入らず、同じ格好で通い続けると、母猿たちはようやく赤ちゃんを見せてくれるようになった。でも、鹿の親子は相変わらず逃げていく。

他ではあまり見ないが、西部林道では猿と鹿が一緒にいる光景をよく目にする。子猿たちは鹿の周りで遊び、そのうちの1匹は鹿の背で昼寝をするほどの仲良しぶり。親たちも安心してくつろいでいた。

腰を落として撮影を始めると、好奇心からか、子猿たちはちょくちょく見に来ては周りを走り回る。時々、親猿の刺すような鋭い視線を背中に感じながらも、子猿たちの可愛いさに思わず口元が緩んでしまう。鹿のように子猿と仲良くなれたら、親猿も警戒心を解いてくれるだろうか、と考えたりした。

雪の宮之浦歩道《ゆきのみやのうらほどう》

南国のイメージがある屋久島だが、山頂付近の年間平均気温は約６〜７℃。冬には１m以上の雪が積もることもあり、見慣れていた風景が一変する

あと数日もすれば、残りの山々も雪で覆われるのだろう

雪の重さに耐え、春の訪れを待つ太い枝

▶凍り付いた葉が擦れ合い、何とも言えない心地の良い音楽を奏でていた

カメラに気づいて立ち止まる子鹿。先を進む母に促され、また歩き始めた

◀木の水分が凍ってなのか、「パン」という
乾いた音がどこからか聞こえてくる

雪の重みと強風で折れてしまったのだろうか。
痛々しい断面が、白く塗りつぶされてゆく

◀空と大地が白く混じり合っているせいか、
時々、立体感を感じられなくなる

あとがき

明け方の薄暗い静かな森で大きく深呼吸をして、顔馴染みの木に「これから1年間よろしく」と挨拶をして最初の1枚を撮る。

巨木や奇木に、恋にも近い感情で向き合い、土の匂いが体に沁みこむほどに奥岳に登り、森を歩き回った。時間に縛られることなくファインダーを覗くことで、それまでとは違った景色が見えるようになっていた。

これまで20年以上屋久島に通い続けてきたが、年間を通して過ごすことで、四季の移ろいを感じ、子猿や子鹿たちの成長を見届けることができた。そして、人見知りで話し下手だった僕が、島の人、山岳ガイドや旅行者の方たちと気軽に話すようになり、気がつけば良くも悪くもかなりのおしゃべりになっていた。動植物のこと、天気のこと、そして他愛のない雑談のすべてが大きな楽しみであり、屋久島を

もっと深く知るための勉強の場でもあった。

寂しさに負けて挫折しなかったのは、島で出会ったすべての人たち、愛らしい子猿や子鹿たちのお陰である。見送りに来てくれた人たちに「また来ます」と手を振りながらフェリーに乗り込み、島を後にした。

最後に、写真家として芽が出ない僕を何も言わずに応援してくれる両親、帰省後も変わらずお付き合いをしてくれる島民の方々、写真集出版にあたり文才のない僕に的確なアドバイスをして下さった海鳥社の田島卓さんに心よりお礼を申し上げます。

ありがとうございました。

2015年7月

奈良崎　高功

奈良崎高功（ならざき・たかのり）
1974年、福岡市生まれ。1995年、九州デザイナー学院写真科卒業。2010年、Webサイト「Promenade」を開設（http://promenade.kilo.jp/）。同年、ポストカードブック『西部林道　猿のち鹿ときど樹』刊行。

写 真 展　「花散歩」プロラボクリエイト札幌、2001年
　　　　「西部林道　猿のち鹿ときど樹」屋久島環境文化村センター、2010年
　　　　「森の子供たち　ヤクサル」Nikon Photo Square、2011年
　　　　「龍王の森　益救参道」屋久島環境文化村センター、2011年
　　　　「樹王　屋久島」福岡アジア美術館、2012年

撮影機材　カメラ：ニコンD700
　　　　レンズ：AF50㎜／AF105㎜マクロ／AF18－35㎜ズーム
　　　　　　　AF80－400㎜ズーム
　　　　ストロボ：SB-800

いのちの森《もり》 屋久島《やくしま》

■

2015年8月1日　第1刷発行
2017年11月1日　第2刷発行

■

著　者　奈良崎高功
発行者　杉本　雅子
発行所　有限会社海鳥社
〒812-0023　福岡市博多区奈良屋町13番4号
電話092(272)0120　FAX092(272)0121
印刷・製本　ダイヤモンド秀巧社印刷株式会社
ISBN978-4-87415-952-1
http://www.kaichosha-f.co.jp
［定価は表紙カバーに表示］